大展好書　好書大展
品嘗好書　冠群可期

大展好書　好書大展
品嘗好書　冠群可期

武術特輯

43

# 二十四式太極拳

## ＋VCD

中國國家體育總局／編著

亞洲太極拳冠軍

楊　靜／演示

大展出版社有限公司

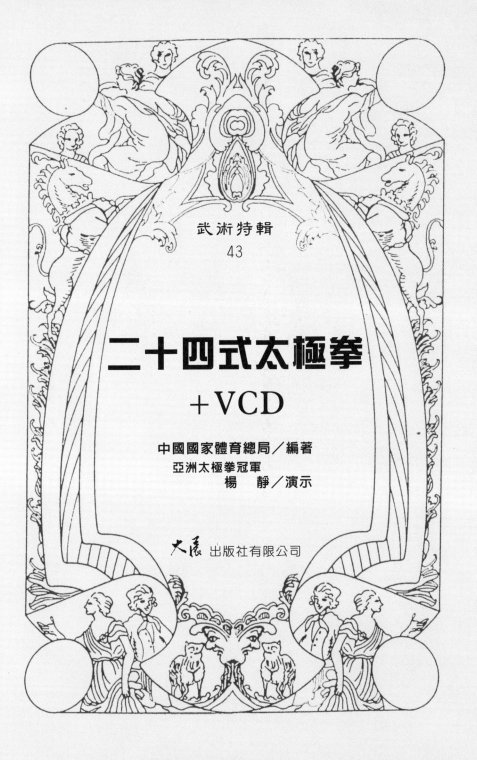

# 前　言

《二十四式太極拳》是按照
由簡到繁、由易到難的原則，
對目前已在群眾中流行的太極拳
進行改编、整理的。
它改變了過去那種先難後易的鍛鍊方法，
去掉了原有套路中過多的重複動作，
集中了原套路的主要结構和技術內容，
便於人們掌握，易學易懂。
這套拳共分8組，
包括從起勢到收勢共24個動作。
練習者可連貫演練，
也可選擇單式或分组進行練習。

# 動作名稱

# 套路介绍

在文字説明中，凡有「同時」兩字的，不論先寫或後寫身體的某一部分動作，都要求一齊運動，不要分先後去做。

動作的方向，是以身體的前、後、左、右為依據的，不論怎樣變化，總是以面對的方向為前，背對的方向為後，身體左側為左，身體右側為右。

圖 1

圖 2

(一)起勢

①身體自然直立，兩腳開立，與肩同寬，腳尖向前；兩臂自然下垂，兩手置於大腿外側；目平視前方。然後左腳向左分開，成開立步(圖1、2)。

【要點】：頭頸正直，下頦微收，不要故意挺胸或收腹。精神要集中。

圖 3

圖 4

②兩臂慢慢向前平舉，兩手高與肩平，與肩同寬，手心朝下。

③上體保持正直，兩腿屈膝下蹲；同時兩掌輕輕下按，兩肘下垂與兩膝相對；目平視前方(圖3、4)。

【要點】：兩肩下沉，兩肘鬆垂，手指自然微屈。屈膝鬆腰，臀部不可凸出，身體重心落於兩腿中間。兩臂下落和屈腿下蹲的動作要協調一致。

圖 5

(二)左右野馬分鬃

①上體微向右轉，身體重心移至右腿上；同時右臂收至胸前平屈，手心向下，左手經體前向右下畫弧至右手下，手心向上，兩手心相對成抱球狀；左腳隨即收至右腳內側，腳尖點地；目視右手(圖5)。

圖 6

圖 7

②上體微向左轉，左腳向左前方邁出，右腳跟後蹬，右腿自然伸直，成左弓步；同時上體繼續向左轉，左右手隨轉體慢慢分別向左上、右下分開，左手高與眼平(手心斜向上)，肘微屈；右手落在右胯旁，肘也微屈，手心朝下，指尖向前；目視左手(圖6、7)。

圖 8

圖 9

③上體慢慢後坐，身體重心移至右腿，左腳尖蹺起，微向外撇(約45～60度)，隨後腳掌慢慢踏實，左腿慢慢前弓，身體左轉，身體重心再移至左腿；同時左手翻轉向下，左臂收至胸前平屈，右手向左上畫弧至左手下方，兩手心相對呈抱球狀；右腳隨即收至左腳內側，腳尖點地；目視左手。

圖 10

圖 11

④右腳向右前方邁出，左腿伸直，變成右弓步；同時上體右轉，左右手隨轉體分別慢慢向左下、右上分開，右手高與眼平(手心斜向上)，肘微屈；左手落在左胯旁，肘也微屈，手心向下，指尖向前；目視右手(圖8、9)。

⑤與③解同，惟左右相反。

⑥與④解同，惟左右相反(圖10～13)。

圖 12

圖 13

【要點】：上體不可前俯後仰，胸部必須寬鬆舒展。兩臂分開時要保持弧形。身體轉動時要以腰為軸。弓步動作與分手的速度要均勻一致。做弓步時，邁出的腳先是腳跟著地，然後腳掌慢慢踏實，腳尖向前，膝蓋不要超過腳尖；後腿自然伸直；前後腳夾角約成45～60度(需要時後腳腳跟可以後蹬調整)。野馬分鬃式的弓步，前後腳的腳跟要分在中軸線兩側，它們之間的橫向距離(即以動作行進的中線為縱軸，其兩側的垂直距離為橫向)應該保持在10～30公分。

圖 14

(三)白鶴亮翅

①上體微向左轉，左手翻掌向下，左臂平屈胸前，右手向左上畫弧，手心轉向上，與左手呈抱球狀；目視左手。

②右腳跟進半步，上體後坐，身體重心移至右腿，上體先向右轉，面向右前方，目視右手。然後左腳稍向前移，腳尖點地，變成左虛步，同時上體再微向左轉，面向前方，兩手隨轉體慢慢向右上、左下分開，右手上提停於右額前，手心朝左後方；左手落於左胯前，手心朝下，指尖向前。目平視前方(圖14、15)。

圖 15

【要點】：完成動作胸部不要挺出，兩臂均要保持半圓形，左膝微屈。身體重心後移和右手上提，左手下按要協調一致。

圖 16

## (四)左右摟膝拗步

①右手從體前下落，由下向後上方畫弧至右肩外，手與耳同高，手心斜向上；左手由左下向上、向右畫弧至右胸前，手心斜朝下；同時上體先微向左再向右轉；左腳收至右腳內側，腳尖點地，目視右手。

圖 17

圖 18

②上體左轉，左腳向前(偏左)邁出變成左弓步；同時右手收回由耳側向前推出，高與鼻平。左手向下由左膝前摟過落於左胯旁，指尖朝前。目視右手手指(圖16～18)。

圖 19

圖 20

③右腿慢慢屈膝，上體後坐，身體重心移至右腿，左腳尖蹺起微朝外撇，隨後腳掌慢慢踏實，左腿前弓，身體左轉，身體重心移至左腿，右腳收至左腳內側，腳尖點地；同時，左手向外翻掌由左手向上畫弧至左肩外側，肘微屈，手與耳同高，手心斜朝上；右手隨轉體向上、向左下畫弧落於左腹前，手心斜朝下。目視左手(圖19、20)。

圖 21

圖 22

④與②解同，惟左右相反。
⑤與③解同，惟左右相反。
⑥與②解同圖(21、22、23)

圖 23

【要點】：前手推出時，身體不可前俯後仰，要鬆腰鬆胯。推掌時要沉肩垂肘，坐腕舒掌，同時須與鬆腰、弓腿上下協調一致。摟膝拗步變成弓步時，兩腳跟的橫向距離約保持30公分。

圖 24

(五)手揮琵琶

右腳跟進半步，上體後坐，身體重心轉至右腿上，上體半面向右轉，左腳略提起稍向前移，變成左虛步，腳跟著地，腳尖蹺起，膝部微屈，同時左手由左下向上挑舉，高與鼻平，掌心朝右，臂微屈；右手收回放至左肘內側，掌心朝左；目視左手食指(圖24、25)。

圖 25

【要點】：身體要平穩自然，沉肩垂肘，胸部放鬆。左手上起時不要垂直上挑，要由左向上、向前，微帶弧形。右腳跟進時，腳掌先著地，再全腳踏實。身體重心後移和左手上起、右手回收要協調一致。

圖 26

圖 27

(六)左右倒卷肱

①上體右轉，右手翻掌(手心向上)經腹前由下向後上方畫弧平舉，臂微屈，左手隨即翻掌向上；視線隨著向右轉體先向右視，再轉向前方視左手(圖26、27)。

圖 28

圖 29

②右臂屈肘折向前，右手由耳側向前推出，手心朝前，左臂屈肘後撤；手心朝上，撤至左肋外側；同時左腿輕輕提起向後(偏左)退一步，腳掌先著地，然後全腳慢慢踏實，身體重心移至左腿上，變成右虛步，右腳隨轉體以腳掌為軸扭正。目視右手(圖28、29)。

圖 30

圖 31

③上體微向左轉，同時左手隨轉體向後上方畫弧平舉，手心朝上，右手隨即翻掌，掌心朝上；目隨轉體先向左視，再轉向前方視右手。

④與②解同，惟左右相反。

⑤與③解同，惟左右相反。

⑥與②解同。

⑦與③解同。

⑧與②解同，惟左右相反(圖30～33)。

圖 32

圖 33

【要點】：前推的手臂不要伸直，後撤手也不可直向回抽，隨轉體仍走弧線。前推時，要轉腰鬆胯，兩手的速度要一致，避免僵硬。退步時，腳掌先著地，再慢慢全腳踏實，同時，前腳隨轉體以腳掌為軸扭正。退左腳略向左後斜，退右腳略向右後斜，避免使兩腳落在一條直線上。後退時，眼隨轉體動作先向左或右視，然後再轉視前手。最後退右腳時，腳尖外撇的角度略大些，便於接做「左攬雀尾」的動作。

圖 34

圖 35

(七)左攬雀尾

①上體微向右轉，同時右手隨轉體向後上方畫弧平舉，手心朝上，左手放鬆，手心朝下，目視左手。

②身體繼續向右轉，左手自然下落逐漸翻掌經腹前畫弧至右肋前，手心朝上；右臂屈肘，手心轉向下，收至右胸前，兩手相對呈抱球狀；同時身體重心落在右腿上，左腳收至右腳內側，腳尖點地；目視右手。

圖 36

圖 37

③上體微向左轉，左腳向左前方邁出，上體繼續向左轉，右腿自然蹬直，左腿屈膝，變成左弓步；同時左臂向左前方掤出(即左臂平屈成弓形，用前臂外側和手背向前方推出)，高與肩平，手心朝後；右手向右下落於右胯旁，手心朝下，指尖朝前。目視左前臂(圖34~37)。

【要點】：掤出時，兩臂均保持弧形姿勢。分手、鬆腰、弓腿三者必須協調一致。攬雀尾弓步時，兩腳跟橫向距離不超過10公分。

圖 38

圖 39

④身體微向左轉，左手隨即前伸翻掌向下，右手翻掌向上，經腹前向上、向前伸至左前臂下方；然後兩手下捋(LU音呂)，即上體向右轉，兩手經腹前向右後上方畫弧，直至右手手心朝上，高與肩齊，左臂平屈於胸前，手心朝後；同時身體重心移至右腿。目視右手(圖38、39)。

【要點】：下捋時，上體不可前傾，臀部不要凸出。兩臂下捋須隨腰旋轉，仍走弧線。左腳全腳掌著地。

圖 40

⑤上體微向左轉，右臂屈肘收回，右手附於左手腕內側(相距約5公分)，上體繼續向左轉，雙手同時向前慢慢擠出，左手心朝右，右手心朝前，左前臂保持半圓形；同時身體重心逐漸前移變成左弓步。目視左手腕部。

【要點】：向前擠時，上體要正直。擠的動作要與鬆腰、弓腿相一致。

圖 41

圖 42

⑥左手翻掌，手心向下，右手經左腕上方向前、向右伸出，高與左手齊，手心朝下，兩手左右分開，與肩同寬；然後右腿屈膝，上體慢慢後坐，身體重心移至右腿上，左腳尖蹺起；同時兩臂屈肘兩手收至腹前，手心均朝前下方。目向前平視(圖40～42)。

圖 43

圖 44

⑦上式不停，身體重心慢慢前移，同時兩手向前、向上按出，掌心朝前；左腿前弓變成左弓步；目平視前方(圖43、44)。

【要點】：向前按時，兩手須走曲線，腕高與肩平，兩肘微屈。

圖 45

圖 46

(八)右攬雀尾

①屈腿後坐並向右轉，身體重心移至右腿，左腳尖內扣；右手向右平行畫弧至右側，然後由右下經腹前向左上畫弧至左肋前，手心朝上；右臂平屈胸前，左手心朝下與右手呈抱球狀；同時身體重心再移至左腿上，右腳收至左腳內側，腳尖點地；目視左手(圖45～47)。

圖 47

圖 48

圖 49

②同「左攬雀尾」③解，惟左右相反。
③同「左攬雀尾」④解，惟左右相反。
④同「左攬雀尾」⑤解，惟左右相反。
⑤同「左攬雀尾」⑥解，惟左右相反。
⑥同「左攬雀尾」⑦解，惟左右相反(圖48～55)。

圖 50

圖 51

圖 52

圖 53

圖 54

圖 55

【要點】：均與「左攬雀尾」相同，惟左右相反。

圖 56



(九)單鞭

①屈腿後坐，身體重心逐漸移至左腿上，右腳尖內扣；同時上體左轉，兩手(左高右低)向左弧形運轉，直至左臂平舉，伸於身體左側，手心朝左，右手經腹前運至左肋前，手心朝後上方。目視左手(圖56)。

圖 57

②身體重心再漸漸移至右腿上，上體右轉，左腳向右腳靠攏，腳尖點地；同時右手向右上方畫弧(手心由內轉向外)，至右側方時變勾手，臂與肩平；左手向下經腹前向右上畫弧停於右肩前，手心朝內；目視左手。

圖 58

圖 59

③上體微向左轉，左腳向左前側方邁出，右腳跟後蹬變成左弓步，在身體重心移向左腿的同時，左掌隨上體的繼續左轉慢慢翻轉向前推出，手心朝前，手指高與眼平，臂微屈。目視左手(圖57~60)。

圖 60

【要點】：上體保持正直，鬆腰。完成動作時，右肘稍下垂，左肘與左膝上下相對，兩肩下沉。左手向外翻掌前推時，要隨轉體邊翻邊推出，掌不要翻得太快或最後突然翻掌。全部過渡動作，上下要協調一致。如面朝南起勢，單鞭的方向(左腳尖)應向東偏北約15度。

圖 61

(十)雲手

①身體重心移至右腿上，身體漸向右轉，左腳尖內扣；左手經腹前向右上畫弧至右肩前，手心斜朝後，同時右手變掌，手心朝右前；目視左手。

圖 62

圖 63

②上體慢慢左轉，身體重心隨之逐漸左移；左手由臉前向左側運轉，手心漸漸轉向左方；右手由右下經腹前向左上畫弧至左肩前，手心斜朝後；同時右腳靠近左腳，成小開立步（兩腳距離約10～20公分）；目視右手。

圖 64

圖 65

③上體再向右轉，同時左手經腹前向右上畫弧至右肩前，手心斜朝後；右手向右側運轉，手心翻轉向右；隨之左腿向左橫跨一步。目視右手(圖61～65)。

圖 66

圖 67

④同②解。
⑤同③解。
⑥同②解。
(圖66～71)。

圖 68

圖 69

【要點】：身體轉動要以腰脊為軸，鬆腰、鬆胯，不可忽高忽低。兩臂隨腰的轉動而運轉，要自然圓活，速度要緩慢均勻。下肢移動時，身體重心要穩定，兩腳掌先著地再踏實，腳尖朝前。眼的視線隨左右手而移動。第三個「雲手」的右腳最後跟步時，腳尖微向內扣，便於接「單鞭」動作。

圖 70

圖 71

圖 72

(十一)單鞭

①上體向右轉，右手隨之向右運轉，至右側方時變成勾手；左手經腹前向右上畫弧至右肩前，手心朝內；身體重心落至右腿上，左腳尖點地；目視左手。

圖 73

圖 74

②上體微向左轉，左腳向左側前方邁出，右腳跟後蹬，變成左弓步；在身體重心移向左腿的同時，上體繼續左轉，左掌慢慢翻轉向前推出(圖72～74)。

【要點】：與前「單鞭」式相同。

圖 75

(十二)高探馬

①右腳跟進半步，身體重心逐漸後移至右腿上；右手變掌，兩手心翻轉向上，兩肘微屈；同時身體微向右轉，左腳跟漸漸離地；目視左前方。

②上體微向左轉，面向前方；右掌經右耳旁向前推出，手心向前，手指與眼同高；左手收至左側腰前，手心朝上；同時左腳微向前移，腳尖點地，變成左虛步；目視右手(圖75、76)。

圖 76

【要點】：上體自然正直，兩肩要下沉，右肘微下垂。跟步交換重心時，身體不要起伏。

圖 77

(十三)右蹬腳

①左手心朝上，前伸至右腕背面，兩手相互交叉，隨即向兩側分開並向下畫弧，手心斜朝下；同時左腳提起向左側前方進步(腳尖略外撇)；身體重心前移，右腿自然蹬直，變成左弓步；目視前方。

②兩手由外圈向內圈畫弧，兩手交叉合抱於胸前，右手在外，手心均朝後；同時右腳向左腳靠攏，腳尖點地；眼平視右前方。

圖 78

圖 79

③兩臂左右畫弧分開平舉，肘微屈，手心均朝外；同時右腿屈膝提起，右腳向右前方慢慢蹬出。目視右手(圖77～79)。

【要點】：身體要穩定，不可前俯後仰。兩手分開時，腕部與肩齊平。蹬腳時，左腿微屈，右腳尖回勾，腳跟用勁。分手和蹬腳須協調一致。右臂和右腿上下相對。如面向南起勢，蹬腳方向應為正東偏南約30度。

圖 80

(十四)雙峰貫耳

①右腿收回，屈膝平舉，左手由後向上、向前下落至體前，兩手心均翻轉向上，兩手同時向下畫弧分落於右膝兩側；

②右腳向右前方落下，身體重心漸漸前移，逐漸變成右弓步，面向右前方；同時兩手下落，慢慢變拳，分別從兩側向上、向前畫弧至面部前方，呈鉗形狀，兩拳相對，高與耳齊，拳眼均斜朝內下方(兩拳中間距離約10～20公分)。目視右拳(圖80)。

【要點】：完成動作時，頭頸正直，鬆腰鬆胯，兩拳鬆握，沉肩垂肘，兩臂均保持弧形。雙峰貫耳式的弓步和身體方向與右蹬腳方向相同。

圖 81

(十五)轉身左蹬腳

①左腿屈膝後坐，身體重心移至左腿，上體左轉，右腳尖內扣；同時兩拳變掌，由上向左右畫弧分開平舉，手心朝前；目視左手。

圖 82

圖 83

②身體重心再移至右腿，左腳收至右腳內側，腳尖點地；同時兩手由外圈向內圈畫弧合抱於胸前，左手在外，手心均朝後；兩眼平視左側。

③兩臂左右畫弧分開平舉，肘微屈，手心均朝外；同時左腿屈膝提起，左腳向左前方慢慢蹬出。目視左手(圖81～87)。

圖 84

圖 85

圖 86

圖 87

【要點】：與右蹬腳式相同，惟左右相反。左蹬腳與右蹬腳方向約180度。

圖 88

圖 89

## (十六)左下勢獨立

①左腿收回平屈，上體右轉；右掌變成勾手，左掌向上、向右畫弧下落，立於右肩前，掌心斜朝後；目視右手。

②右腿慢慢屈膝下蹲，左腿由內向左側(偏後)伸出，變成左仆步；左手下落(掌心朝外)向左下順左腿內側向前穿出。目視左手(圖88、89)。

【要點】：右腿全蹲時，上體不可過於前傾。左腿伸直，左腳尖須向內扣，兩腳腳掌全部著地。左腳尖與右腳跟踏在中軸線上。

圖 90

③身體重心前移，以左腳跟為軸，腳尖盡量向外撇，左腿屈膝，右腿後蹬，右腳尖內扣，上體微向左轉並向前起身；同時左臂繼續向前伸出(立掌)，掌心朝右，右勾手下落，勾尖朝後；目視左手。

圖 91

圖 92

④右腿慢慢提起平屈，變成左獨立式；同時右手變掌，並由後下方順右腿外側向前弧行擺出，屈臂立於右腿上方，肘與膝相對，手心朝左；左手落於左胯旁，手心朝下，指尖朝前。目視右手(圖90～92)

【要點】：上體要正直，左腿要微屈，右腿提起時腳尖自然下垂。

圖 93

圖 94

(十七)右下勢獨立

①右腳下落於左腳前，腳掌著地；然後以左腳前掌為軸，腳跟轉動，身體隨之左轉；同時左手向後平舉變成勾手，右掌隨著轉體向左側畫弧，立於左肩前，掌心斜朝後。眼視左手(圖93、94)。

圖 95

圖 96

②同「左下勢獨立」②，惟左右相反。
③同「左下勢獨立」③，惟左右相反。
④同「左下勢獨立」④，惟左右相反。(圖95～98)

圖 97

圖 98

【要點】：右腳尖觸地後必須稍微提起，然後再向下仆腿。其他均與「左下勢獨立」相同，惟左右相反。

圖 99

(十八)左右穿梭

①身體微向左轉，左腳向前落地，腳尖外撇，右腳跟離地，兩腿屈膝變成半坐盤式；同時兩手在左胸前呈抱球狀(左上、右下)；然後右腳收至左腳的內側，腳尖點地；目視左前臂。

圖 100

圖 101

②身體右轉，右腳向右前方邁出，屈膝弓腿，變成右弓步；同時右手由臉前向上舉並翻掌停在右額前，手心斜朝上；左手先向左下再經體前向前推出，高與鼻平，手心朝前。目視左手(圖99～101)。

圖 102

③身體重心略向後移，右腳尖稍向外撇，隨即身體重心再移至右腿，左腳跟進，停至右腳內側，腳尖點地；同時兩手在右胸前成抱球狀(右上左下)；目視右前臂。

④同②解，惟左右相反(圖102、103)。

圖 103

【要點】：完成姿勢面朝斜前方(如面向南起勢，左右穿梭方向分別為正西偏北和正西偏南，均約30度)。手推出後，上體不可前俯。手向上舉時，防止引肩上聳。一手上舉另一手前推要與弓腿、鬆腰上下協調一致。做弓步時，兩腳跟的橫向距離同摟膝拗步式，保持在30公分左右。

圖 104

(十九)海底針

右腳向前跟進半步，身體重心移至右腿，左腳稍向前移，腳尖點地，變成左虛步；同時身體稍向右轉，右手下落經體前向後、向上提至肩側耳旁，再隨身體左轉，由右耳旁斜向前下方插出，掌心朝左，指尖斜向下；與此同時，左手向前、向下畫弧落於左胯旁，手心朝下，指尖向前；目視前下方(圖104～106)。

圖 105

圖 106

【要點】：身體要先向右轉，再向左轉。完成姿勢後，面朝正西。上體不可太前傾，避免低頭和臀部外凸，左腿要微屈。

圖 107

(二十)閃通臂

上體稍向右轉，左腳向前邁出，屈膝弓腿成左弓步；同時右手由體前上提，屈臂上舉，停於右額前上方，掌心翻轉斜朝上，拇指朝下；左手上起經胸前向前推出，高與鼻平，手心朝前；目視左手(圖107、108)。

圖 108

【要點】：完成姿勢後，上體自然正直，鬆腰、鬆胯；左臂不要完全伸直，背部肌肉要伸展開。推掌、舉掌和弓腿動作要協調一致。

圖 109

(二十一)轉身搬攔捶

①上體後坐，身體重心移至右腿上，左腳尖內扣，身體向右後轉，然後身體重心再移至左腿上；與此同時，右手隨著轉體向右、向下(變拳)經腹前畫弧至左肋旁，拳心朝下；左掌上舉於頭前，掌心斜朝上。目視前方(圖109、110)。

圖 110

圖 111

②向右轉體，右拳經胸前向前翻轉撇出，拳心朝上；左手落於左胯旁，掌心朝下，指尖朝前；同時右腳收回後(不要停頓或腳尖點地)即向前邁出，腳尖外撇。目視右拳(圖111)。

圖 112

③身體重心移至右腿上，左腳向前邁一步；左手上起經左側向前上畫弧攔出，掌心朝前下方；同時右拳向右畫弧收至右腰旁，拳心朝上。目視左手(圖112、113)。

圖 113

圖 114

④左腿前弓變成左弓步，同時右拳向前打出，拳眼朝上，高與胸平，左手附於右前臂內側；目視右拳(圖114～116)。

圖 115

圖 116

【要點】：右拳不要握得太緊。右拳回收時，前臂要慢慢內旋畫弧，然後再外旋停於右腰旁，拳心向上。向前沖拳時，右肩隨拳略向前引伸，沉肩垂肘，右臂微屈。弓步時，兩腳橫向距離同「攬雀尾」式。

圖 117

（二十二）如封似閉

①左手由右腕下向前伸出，右拳變掌，兩手手心逐漸翻轉向上並慢慢分開回收；同時身體後坐，左腳尖蹺起，身體重心移至右腿；目視前方（圖117）。

圖 118

②兩手在胸前翻掌，向下經腹前再向上、向前推出，腕部與肩平，手心朝前；同時左腿前弓變成左弓步；目視前方(圖118～120)。

圖 119

圖 120

【要點】：身體後坐時，避免後仰，臀部不可凸出。兩臂隨身體回收時，肩、肘部略向外鬆開，不要直著抽回。兩手推出寬度不要超過兩肩。

圖 121

(二十三)十字手

①屈膝後坐，身體重心移向右腿，左腳尖內扣，向右轉體；右手隨著轉體動作向右平擺畫弧，與左手成兩臂側平舉，掌心朝前，肘部微屈；同時右腳尖隨著轉體稍向外撇，變成右弓步。目視右手(圖121、122)。

圖 122

圖 123

②身體重心慢慢移至左腿，右腳尖內扣，隨即向左收回，兩腳距離與肩同寬，兩腿逐漸蹬直，成開立步；同時兩手向下經腹前向上畫弧交叉合抱於胸前，兩臂撐圓，腕高與肩平，右手在下，呈十字狀，手心均朝後。目視前方(圖123、124)。

圖 124

【要點】：兩手分開至合抱時，上體不要前俯。站起後，身體自然正直，頭要微向上頂，下頦稍向後收。兩臂環抱時須圓滿舒適，沉肩垂肘。

圖 125

(二十四)收勢

兩手向外翻掌，手心朝下，兩臂慢慢下落，停於身體兩側。目視正前方(圖125～128)。

圖 126

圖 127

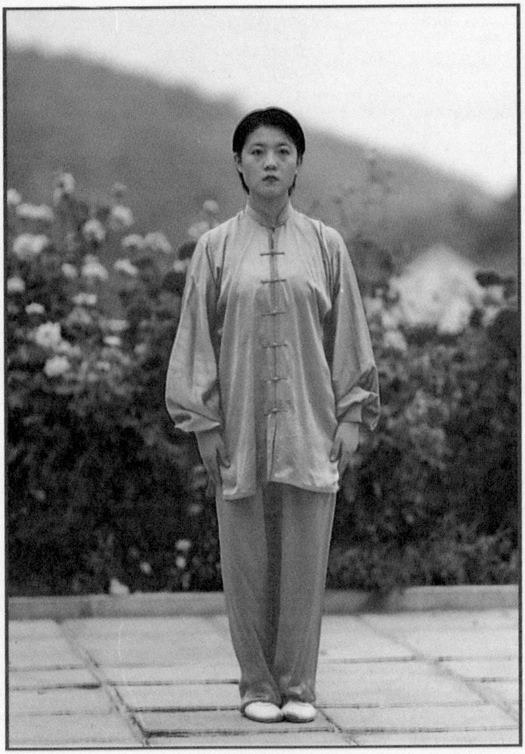

圖 128

【要點】：兩手左右分開下落時，要注意身體放鬆，同時氣也徐徐下沉(呼氣略加長)。呼吸平穩後，把左腳收到右腳旁，再走動休息。

# 二十四式太極拳動作路線示意圖

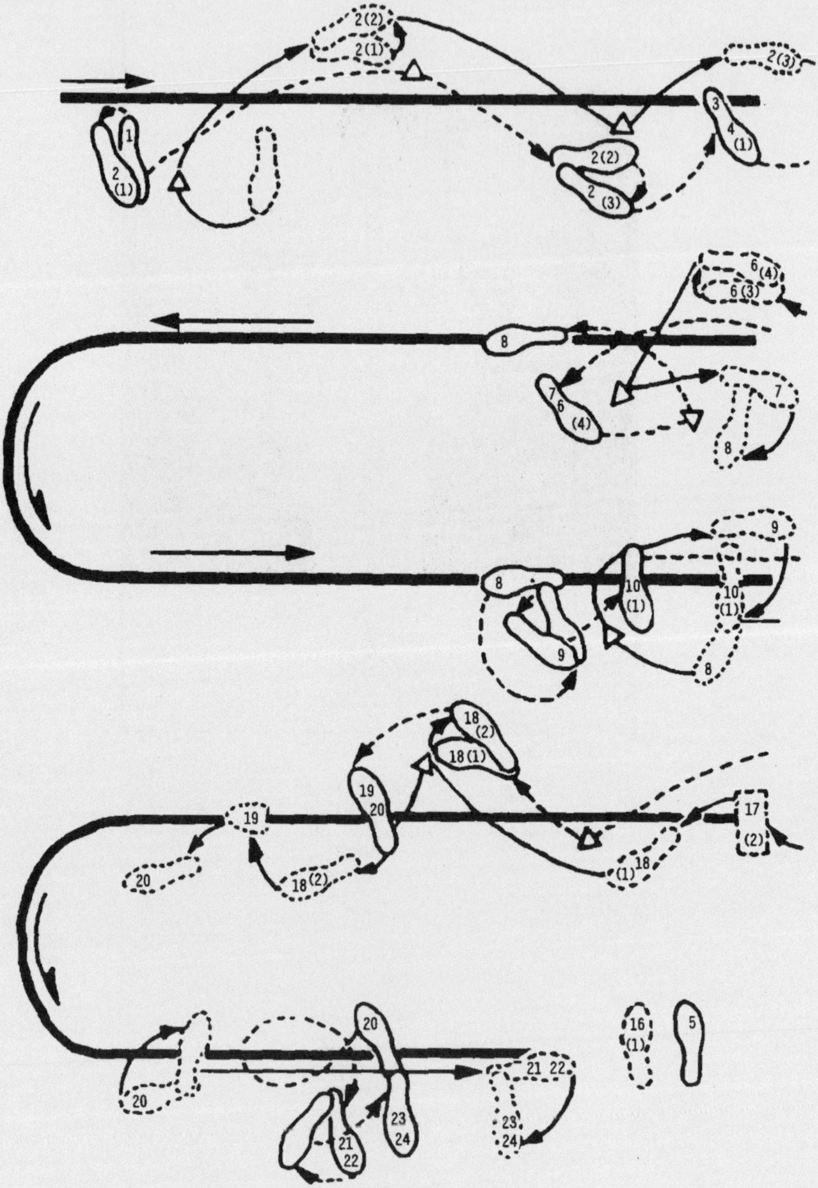

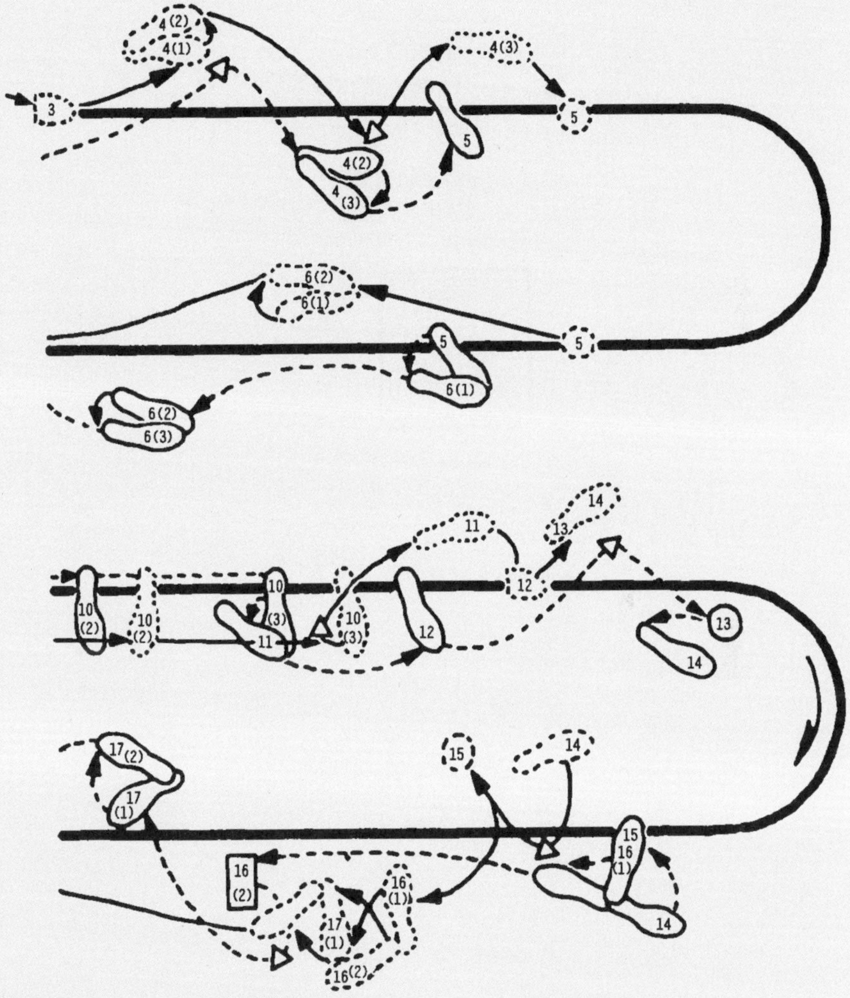


●左腳為虛線，右腳為實線；腳印中不帶括號的號碼表示動作的順序，括號中的號碼表示同一動作的左右式或同一動作的重複；空白的腳印表示過度動作。

表示前腳掌著地。

表示腳跟著地。

表示獨立式的提膝懸空動作。

表示左(右)蹬腳的懸空動作。

表示過度動作中腳尖的著地位置。

國家圖書館出版品預行編目資料

二十四式太極拳／中國國家體育總局　編著
亞洲太極拳冠軍/楊靜 演示
－初版－台北市：大展，2002【民91】
面；21公分－（武術特輯；43）
ISBN 957-468-130-0 （平裝：附光碟片）
1.太極拳
528.972　　91003117



# 二十四式太極拳 +VCD

ISBN-13：978-957-468-130-3
ISBN-10：957-468-130-0

編 著 者／中國國家體育總局
責任編輯／秦彥博・孫岩
演　　示／楊　靜
發 行 人／蔡森明
出 版 者／大展出版社有限公司
社　　址／台北市北投區（石牌）致遠一路２段 12 巷１號
電　　話／(02)28236031・28236033・28233123
傳　　真／(02)28272069
郵政劃撥／01669551
網　　址／www.dah-jaan.com.tw
E-MAIL／service@dah-jaan.com.tw
登 記 證／局版台業字第 2171 號
承 印 者／弼聖彩色印刷股份有限公司
裝　　訂／建鑫印刷裝訂有限公司
排 版 者／ERIC視覺藝術
授 權 者／北京人民體育出版社
初版 3 刷／2006 年（民 95 年）11 月

定價 350 元